T0001096

Primera edición en la Argentina bajo este sello: octubre de 2023.
Primera impresión en Colombia: diciembre, 2023

Diseño gráfico de interior: Candela Insua
Ilustraciones: Azul Portillo

© 2023, Penguin Random House Grupo Editorial, S.A.
Humberto I 555, Buenos Aires
© 2023, Penguin Random House Grupo Editorial, S. A. S.
Carrera 7ª No.75-51. Piso 7, Bogotá, D. C., Colombia
PBX: (57-1) 743-0700

Penguin Random House Grupo Editorial apoya la protección del *copyright*.
El *copyright* estimula la creatividad, defiende la diversidad en el ámbito de las ideas y el conocimiento,
promueve la libre expresión y favorece una cultura viva. Gracias por comprar una edición autorizada
de este libro y por respetar las leyes del *copyright* al no reproducir, escanear ni distribuir ninguna
parte de esta obra por ningún medio sin permiso. Al hacerlo está respaldando a los autores
y permitiendo que PRHGE continúe publicando libros para todos los lectores.

Impreso en Colombia-*Printed in Colombia*

ISBN: 978-628-95514-2-6

Impreso en Quad Graphics Colombia S.A.S.

Taylor

From the Vault

Este libro no pretende ser una biografía detallada de Taylor Swift, tampoco un resumen de los innumerables premios que recibió ni un recuento de sus historias de amor, porque su vida está plasmada en las letras de sus canciones, pero sí tiene la intención de ser un recordatorio de los pasos que dio para cumplir sus sueños hasta convertirse en ícono, reina y heroína de millones de fans alrededor del mundo.

En este recorrido quedará demostrado por qué es imposible no amarla. Solo hay que mencionar el enorme talento que tiene para que sus letras describan a la perfección cada sentimiento y situación que cualquiera puede transitar en la vida, y a pesar del lugar que ocupa hoy y de todo lo que debió enfrentar, sigue conservando la misma sencillez, la humildad, el cuidado por los detalles, la conexión con su público, y el inmenso amor y agradecimiento hacia sus fans que aquella chica de 16 años que logró grabar su primer disco.

Como un pequeño baúl de los recuerdos al cual recurrir, este es un espacio donde encontrar un refugio para sortear los días lluviosos y acrecentar la chispa que impulsa a disfrutar de la música para construir momentos mejores.

Tal como ella dijo, en la vida hay cosas que se deben soltar y dejar ir, y otras que son para cuidar y conservar. Ojalá estas páginas sean para guardar siempre en un rincón del corazón.

BUSCANDO UN LUGAR EN EL MUNDO

Taylor Swift

Esta es la historia de una niña que se atrevió a soñar a lo grande. Desde sus primeras actuaciones hogareñas, el concurso de poesía que ganó en el colegio a los nueve años con *Monster in My Closet* o su primera presentación frente a un público masivo cantando el himno estadounidense, hasta llegar a ser la compositora consolidada y multipremiada que hoy es un éxito absoluto y considerada la industria musical en sí misma.

Esta sagitariana nacida el 13 de diciembre de 1989, de pequeña era tímida y solitaria. Se encerraba en su cuarto a escribir en un diario íntimo y lo hacía tan meticulosamente que llegó a usar una pluma y un frasco de tinta. Allí volcaba todos sus sentimientos y los deseos que no podía compartir en el colegio porque la dejaban de lado y la hacían sentir diferente. A pesar de eso, siempre tuvo claro que, para ella, más allá de cualquier logro y del deseo de convertirse en cantante, lo más importante era ser una buena chica.

Nunca abandonó sus metas y trabajó arduamente a diario desde que sus padres le regalaron la primera guitarra a los ocho o nueve años.

Tenía las manos tan pequeñas que le costaba tocarla, pero aun así esa guitarra la acompañaba muy cerca, en un rincón de su cuarto, hasta que un día, cuando ella tenía 12 años, el técnico que fue a su casa a reparar una computadora descubrió el instrumento y le preguntó a Taylor si tocaba. Cuando respondió que solo lo había intentado, le propuso enseñarle algunos acordes. Ese fue el momento en el que surgió la magia. A partir de ahí, tocaba a todas horas y empezó a escribir canciones cada vez que tenía tiempo libre.

El primer tema que compuso fue *Lucky You*, la historia de una chica que se atrevía a ser distinta, algo que obviamente la representaba mucho. A Taylor le gustaba la música country, un género muy poco popular entre los jóvenes hasta ese momento, y sus compañeros de clase la consideraban rara por eso.

Mientras las demás iban a fiestas de pijamas o hacían deporte, ella dedicaba su tiempo a la música y soñaba con los escenarios.

Tras su primera presentación, cantando el himno nacional de su país en un estadio, salió una nota en el periódico local con su foto, lo que provocó más burlas cuando regresó al colegio. Se sentía rechazada y aislada. Permanecía sola en el almuerzo y eso inevitablemente la entristecía, aunque tuvo la suerte de que su madre, Andrea, siempre estuvo ahí para apoyarla.

"Cuando era adolescente sentía que siempre nos estereotipaban como personas muy intensas, dramáticas, apasionadas, irremediablemente románticas; y ahora, en retrospectiva, quiero que sepan que creo que todas esas cosas son asombrosas. Espero que nunca las pierdan".

Palabras al recibir uno de los premios
en los Teen Choice Awards de 2011.

Su sueño persistía a pesar de todo y descubrió que existía un lugar donde podría hacerlo realidad: Nashville. Pasaban por la televisión un video de LeAnn Rhymes y confirmó que era eso lo que quería hacer y con lo que fantaseaba en las páginas de su diario; además LeAnn no era mucho más grande que ella y con apenas 14 años había recibido un Grammy como Artista Revelación.

Durante casi un año, les insistió a sus padres para ir a la capital de Tennessee y por fin fueron hasta allí en las vacaciones de primavera.

Llegar a esa ciudad en la que se respira música country por cada rincón la maravilló por completo, sabía definitivamente que ese era su lugar.

Recorrió las disqueras llevando un demo con dos canciones que había grabado sobre fondos de karaoke y esperando que alguien la llamara, pero no obtenía respuestas. Aun así, se sentía más cómoda presentándose en las disqueras que en el primer día de clases.

No estaba dispuesta a renunciar. Aunque era una niña, sabía perfectamente que debía diferenciarse y aprender todo lo que pudiera para que le prestaran atención. Había descubierto que estaba enamorada de la música y la necesitaba para ser feliz.

Como su único objetivo era perfeccionarse, tocaba la guitarra día y noche hasta el punto en que sus padres debían pedirle que dejara de hacerlo para ir a comer.

Un tiempo después, convencidos de que ese sería el destino de Taylor, su familia dejó su vida en Pensilvania y se trasladó más de mil kilómetros para asentarse en Nashville. Este fue un cambio trascendental en sus vidas.

Tal vez, cuando llevaron a la pequeña Taylor de tres años a ver *La sirenita* y de regreso a casa ya se sabía todas las letras de las canciones e incluso modificaba algunas a su gusto, habían recibido una primera pista.

A los 13 consiguió su primer precontrato con el sello RCA, algo así como una muestra de fe en su talento, pero nada seguro. Tenía claro que para que le prestaran atención debía destacarse del resto, y componer sus propias canciones era la forma. Llevaba todas las semanas nuevo material; sin embargo, era demasiado joven y ellos siempre le respondían que siguiera trabajando, aunque no le daban ninguna garantía de grabar.

Después de un año, hizo lo que nadie se atrevía a hacer cuando ya tenía un vínculo con una discográfica, y decidió irse para buscar nuevas opciones. A pesar de que era una compañía muy importante, y de las dudas de sus padres, Taylor tomó la decisión sola, necesitaba ser libre para buscar una oportunidad real.

Entonces tuvo su presentación en The Bluebird Cafe, el mismo lugar donde Faith Hill había sido descubierta. Allí conoció a Scott Borchetta, quien le dijo que la quería en su discográfica, aunque en realidad todavía no tenía una. Le pidió que lo esperara y ella confió en esa propuesta porque le pareció que sería bueno para su carrera ser parte de algo construido desde cero. Esa decisión la llevaría a grabar su primer disco, que se llamó *Taylor Swift* (2006). Creía en esa nueva aventura, no sabía cómo iba a funcionar, pero confiaba en ello y se arriesgó. El resto es historia.

Lo relevante aquí no solo es que finalmente cumplió su sueño, sino su constancia, todo el trabajo y los sacrificios que hizo para alcanzarlo, cada decisión que tomó, todo a lo que renunció, simplemente porque estaba segura de qué era lo que amaba hacer.

Algo que la caracterizó siempre es que sus canciones traducen sus propias experiencias. Desde el comienzo compartió sus sentimientos, miedos, inseguridades, deseos e ilusiones en cada letra. Esa transparencia la acerca más a su público, que se ve reflejado en cada una de sus narraciones musicales, y se siente comprendido y sostenido en los momentos difíciles.

"El mundo no te debe nada,
hay que trabajar por lo que
uno quiere y agradecer
cada pizca de éxito".

Comentario en una entrevista de promoción de la gira *Fearless*,
en referencia a lo que le inculcaron sus padres.

Las canciones de su primer álbum están especialmente enfocadas en sus vivencias de la secundaria. Las cosas habían cambiado para ella, ya no se sentía extraña, se llevaba bien con sus compañeros y a nadie le parecía mal que quisiera ser cantante.

A los 15 años conoció a Abigail, su mejor amiga, con la que compartía todas las inquietudes adolescentes, esas que describe en sus primeros temas, como las inseguridades, los romances, la búsqueda de la identidad. Por eso *Fifteen*, que está dedicada a ella, habla precisamente de la falta de seguridad que se tiene a esa edad, cuando solo se espera que te quieran y damos todo por la primera persona que nos demuestra afecto, también cuando aparece el primer desengaño. Esta canción es de gran ayuda para muchas chicas que viven lo mismo y buscan tomar las decisiones correctas.

En *Teardrops On My Guitar* Taylor confiesa haber estado secretamente enamorada de un chico de su clase, llamado Drew, aunque él tenía novia y solo la consideraba su amiga. Y así sería posible seguir y seguir, porque desde el primero hasta el último tema, en cualquier momento y bajo cualquier circunstancia, seguramente encontraremos uno que nos identifique.

Además de la promoción de radio tradicional, Taylor aprovechó ampliamente el inició del boom de las redes sociales y utilizó su perfil de MySpace para difundir su música y comunicarse con su público, compartiendo sus blogs diarios e información sobre canciones. Lo que daría comienzo a la mejor relación de una cantante con su público. Además, resultó una brillante estrategia de marketing que impulsó la popularidad del álbum entre adolescentes y adultos jóvenes, algo difícil de lograr hasta ese momento para la música country.

Su carrera se lanzó en un momento en que las artistas femeninas de este género empezaban a ganar popularidad. Sin embargo, su debut no fue bien visto por los expertos, porque consideraban que las letras hablaban de temáticas demasiado adolescentes para el target que acostumbraba a consumir este estilo de música. Finalmente, contra todas las expectativas, su éxito en la radio, especialmente con el sencillo de *Our Song*, la estableció como una de las pocas artistas femeninas en tener el mismo éxito que sus pares masculinos en un formato dominado por hombres.

Taylor fue la primera artista country en ser considerada como estrella pop y la primera solista femenina country en escribir o coescribir todas las canciones de un álbum debut con certificación platino. Los *singles* de este disco se empezaron a escuchar en radios de pop y sentaron las bases para sus próximos trabajos, que dominaron los primeros lugares en ambos géneros.

El lanzamiento de este álbum fue el primer escalón de un camino hacia el éxito, que recién empezaba. Luego llegó la gira de promoción, un recorrido poco glamoroso en el auto junto a su mamá y parando en moteles. Pero nada la desanimaba y disfrutaba con cada reconocimiento y con cada oportunidad de acercarse a sus fans, con quienes estableció una conexión muy especial desde el inicio.

Después del primer disco, su vida cambió completamente. Atrás quedaron los días en los que escribía canciones durante las clases o en los pasillos del colegio. Había llegado la hora de tomar más decisiones, y estudiar por su cuenta fue una de ellas. No le resultó fácil dejar la secundaria porque tenía muchos amigos y ya no los vería cotidianamente, pero creía que el sacrificio valía la pena.

A sus 18 años llegó *Fearless* (2008), un álbum al que ella define como el diario íntimo de su adolescencia. Contiene historias de amor mezcladas con besos bajo la lluvia y princesas, el contraste entre fantasía y realidad, mientras se consolidaba como una estrella de la música.

El día del lanzamiento fue a buscar el disco a un Wallmart de Hendersonville a la medianoche y se encontró con una multitud comprándolo. Vendió casi 600.000 copias en la primera semana, una increíble diferencia con su disco anterior, que había vendido 39.000 en el mismo tiempo. Esto superaba todas las expectativas.

Ya había sido telonera de los máximos exponentes de la música country, pero ahora era completamente diferente: tenía por delante su primera gira internacional. Taylor había soñado con esto desde los cuatro años, cuando como cualquier niña amaba los brillos y los vestidos de lentejuelas, y por fin lo había conseguido.

Fascinada por el montaje y la puesta en escena, se involucró plenamente en ello, le puso especial cuidado a que cada canción estuviera bien representada y que la narración de cada historia se reflejara en el escenario. Cuando vio todo armado por primera vez sintió como si recibiera un enorme regalo de Navidad. Tenía un escenario inmenso con múltiples escenografías y una pantalla gigante. Además, como quería incluir bailarines, realizaron un casting para elegir a los seis mejores que la acompañarían a lo largo de 15 meses.

Inmediatamente, Taylor, sus músicos, el coro y los bailarines se convirtieron en familia. Atravesaron un arduo mes de ensayos, en que no solo practicaron las canciones y las coreografías, sino también chequearon absolutamente todo: vestuario, luces, sonido y efectos para evitar algún fallo, como el que ocurrió a pesar de eso cuando la máquina de humo largó tanto de golpe que no se veía nada y ella terminó chocando contra el piano.

Dos de las principales características de Taylor que se reflejan en sus shows son su optimismo, a veces exagerado, y la forma que tiene de tomar todo con humor. Tal es así que para una parte del

"SI TIENES LA SUERTE
DE SER DIFERENTE,
NUNCA CAMBIES".

En un concierto de la gira *Fearless*.

espectáculo hizo un video como si fuera la parodia de una investigación policial en el que participaron incluso muchos de los protagonistas reales de sus canciones.

Antes de sus conciertos, solía dar una vuelta alrededor del estadio, y como algunos de sus seguidores más fieles sabían que lo hacía, se quedaban para verla, pero siempre los sorprendía porque no tenían idea de por dónde iba a aparecer. A veces tocaba una canción entre el público y cuando la descubrían no paraban de gritar o se quedaban estáticos por la emoción. Luego dejaba la guitarra y volvía al escenario por un pasillo, saludando y abrazando a la gente, porque necesitaba sentir esa conexión. Estas y otras acciones son parte de su magia y de la relación única que tiene con su público.

Constantemente demuestra el agradecimiento que siente y desde sus comienzos, más allá de sus famosos *Easter eggs* —distintas pistas que forman un código de comunicación muy particular con quienes la siguen y que se transformaron en una tradición que empezó con su primer álbum para incentivar a que les presten atención a las letras de las canciones porque para ella son muy importantes y su mayor orgullo— tiene detalles inolvidables con sus fans.

Durante la gira de *Fearless*, premiaba a los seguidores más alocados invitándolos a una T-Party que consistía en el ingreso a una especie de tienda de campaña superdecorada donde había pizza y bebidas, y por supuesto podían interactuar con ella. Todo esto con el único propósito de devolver el amor que le brindan.

Para Taylor, esa gira fue mucho más que una parte de su carrera. Fue una experiencia que cambió su vida. Nunca había sido buena en deportes ni en nada que implicara trabajar en equipo hasta su primer tour. Ese era claramente su lugar en el mundo y estaba rodeada de la complicidad y el afecto de su equipo y su familia. Una poderosa y maravillosa combinación que solo se logra al hacer lo que se ama.

A pesar de ser la artista más joven en ganar un Grammy al Mejor Álbum del Año, su premio más grande es la lealtad de sus fans, y eso lo logró por su carisma, por el amor sincero que demuestra en cada encuentro, por su forma tan particular de conectarse con ellos a través de diferentes mensajes y al escribir canciones con las que cualquiera puede identificarse. Más allá de ser cantante, prioriza los vínculos con las personas y si bien escribe sobre su propia vida, quienes escuchan sus canciones sienten que también describen lo que están viviendo.

- EN *FOREVER AND ALWAYS*, TAYLOR SIMULA UNA ENTREVISTA Y TIRA UN SILLÓN MUY ENOJADA. ESTA ES UNA CANCIÓN QUE LA VUELVE VULNERABLE Y TERMINA ARRODILLÁNDOSE EN EL ESCENARIO MUY TRISTE. UNA VEZ EXTENDIÓ LOS BRAZOS HACIA EL PÚBLICO Y UN MONTÓN DE GENTE SE ACERCÓ Y COMENZÓ A SUJETARLE LAS MANOS. SE SINTIÓ TAN RECONFORTADA QUE A PARTIR DE ESE MOMENTO LO REPITIÓ EN CADA SHOW.

- *THE BEST DAY* ESTÁ DEDICADA A SU MAMÁ, CON QUIEN TIENE UN VÍNCULO INCREÍBLE. SE LA CANTÓ COMO UNA SORPRESA PARA EL DÍA DE LA MADRE DURANTE UN CONCIERTO.

- LA GIRA DE *FEARLESS* AGOTÓ EL MADISON SQUARE GARDEN, EL ICÓNICO ESTADIO DE NUEVA YORK CON CAPACIDAD PARA 20.000 PERSONAS, EN TAN SOLO 1 MINUTO.

- TAYLOR INTERPRETÓ A HALEY JONES, UNA JOVEN VÍCTIMA DE ASESINATO, EN EL EPISODIO 16 DE LA TEMPORADA 9 DE *CSI*.

TODAS LAS MONTAÑAS QUE MOVIMOS

Speak Now

La transición de la adolescencia a la adultez es una de las etapas más complejas y que más incertidumbre generan, porque queda todo el futuro por delante y debemos empezar a tomar decisiones, cometemos mil errores en la búsqueda del camino a seguir y nada es tan simple. Todavía no conocemos la vida real lo suficiente como para tener certezas y apenas nos conocemos a nosotros mismos. Nos debatimos entre el deseo de independencia, salir al mundo y hacer nuestras propias elecciones, y la nostalgia por sentirnos protegidos por la familia. Si a eso le sumamos nuestros miedos e inseguridades, se complica todo aún más.

Cuánto más complejo resulta cuando esa transición es constantemente analizada por la mirada del mundo entero, como en el caso de Taylor, y todos se creen con derecho a opinar sobre nuestra vida y a criticarnos sin saber realmente nada sobre nuestra realidad.

En el 2009, Taylor había cumplido su mayor deseo, ya había grabado dos álbumes, recibió varios premios y su primera gira internacional fue superexitosa. Su carrera crecía de manera exponencial, sin embargo, ella seguía sintiendo que no era lo suficientemente buena. Había alcanzado el éxito y, a pesar de eso, muchos creían que estaban habilitados para criticarla.

Semanas después de la desagradable situación que vivió sobre el escenario con Kanye West en los MTV Video Music Awards, la Asociación de Música Country le concedió cuatro premios, incluido el de Artista del Año. En enero de 2010, ganó cinco Grammy, entre ellos el trofeo a Álbum del Año por *Fearless*. Y la cuenta solo empezaba.

Era muy joven e indiscutiblemente talentosa, pero la crítica se ensañaba con ella. La acusaban de no componer sus canciones, de que siempre había un hombre detrás, de que ella solo ponía su imagen de rubia bonita y se aprovechaba del trabajo de los demás.

Estaba muy lejos de dejarse avasallar por estos comentarios, muy poco constructivos, que solo tenían el mezquino objetivo de humillarla y desvalorizar su trabajo.

No le resultó fácil sobrellevarlo, porque siempre entristece que ataquen lo que uno ama, pero Taylor tenía la verdad en sus manos y estaba dispuesta a demostrarla al mundo en su nuevo álbum.

"Decidí que sería lo que dijeron
que no podía ser".

Discurso en los Billboard Women in Music de 2019.

Escribió y compuso por completo *Speak Now* (2010), su tercer disco. Esta no fue una decisión totalmente calculada, si bien quería demostrar que las críticas estaban equivocadas; se fue dando porque sus mejores ideas surgían a la madrugada y como a esa hora no tenía ningún coescritor disponible, simplemente completaba el trabajo. Taylor no solo canta y compone, también toca cuatro instrumentos: guitarra, banjo, ukulele y piano.

Ella encontró una manera creativa y exitosa de expresar sus sentimientos. Todos quisiéramos gritar al mundo lo que sentimos, lo que nos lastima, lo que nos enoja, lo que nos da miedo y por qué no, lo que nos hace felices. Taylor lo logra con certeza, claridad y una belleza incomparable.

Su mecanismo para escribir canciones es espontáneo e impredecible. Nunca sabe qué surgirá primero. Compone desde el fondo de su corazón, con un lenguaje universal y valiente. A través de la música, cuenta sus propias vivencias, que son las mismas que las que enfrentan quienes la escuchan alrededor del mundo. Esta conexión es la base de su éxito.

A veces está transitando por alguna situación y de ahí surge rápidamente el tema o simplemente nace la idea inspirada por un libro o una de sus series favoritas.

Las canciones que escribe más rápido, en general, terminan siendo sus preferidas, porque también suelen ser las más personales. Le resulta más difícil encontrar una metáfora acertada para una situación si no está pasando por eso o no lo pasó recientemente.

El excelente manejo de las metáforas proviene de la costumbre de su madre de usarlas para explicar distintas cuestiones de la vida, Taylor incorporó esto desde pequeña con total naturalidad, y creció entendiendo y amando esa manera de comunicarse. Es como tomar algo por lo que estás pasando y expresarlo de un modo diferente, pero que lo conecta todo.

Cada canción comienza como una idea, un sentimiento y una emoción. Escribe desde la perspectiva del momento, pero tiene la habilidad de una escritora experimentada. Es capaz de incorporar detalles agudos en sus letras, sustentados por melodías poderosas y puentes memorables.

No haber sido popular de niña siempre fue algo que la marcó profundamente, incluso de adulta siguió teniendo recuerdos recurrentes de cuando se sentaba sola en la mesa del comedor escolar, se escondía en el baño o intentaba hacer un nuevo amigo y solo recibía burlas como respuesta, aunque mantenía su optimismo y soñaba con el amor. Conocer el rechazo de primera mano le otorgó una dosis extra de empatía, un elemento esencial que vuelca en sus letras y que genera esa conexión tan especial.

Entre los 18 y los 20 años, fue una etapa donde a Taylor le sucedieron muchas cosas. En tres años se convirtió en una superestrella y no importaba el lugar al que fuera, se formaba una nube de *paparazzi* que buscaban retratar cada instante de su vida. Sin embargo, seguía intentando vivir como cualquier chica de su edad.

Se mudó sola por primera vez, se había convertido en ídolo y referente para millones de personas, estaba planificando su segunda gira internacional, sus discos no paraban de venderse y los premios no dejaban de llegar, había debutado en cine, experimentaba sus primeros romances, y en las canciones de *Speak Now* están reflejados todos estos cambios.

Taylor reconoció que muchos de los temas de este álbum hablan de su vida personal porque, aunque nunca la expone en las entrevistas, definitivamente está incluida en sus canciones. Esto es evidente a lo largo de toda su discografía, y se podrían escribir infinidad de páginas sobre las referencias que incluye.

En *Never Grow Up*, que tardó solo dos horas en escribir, Taylor plantea la dicotomía entre crecer, ser independiente,

"La única forma de avanzar es avanzar. No debemos permitir que obstáculos como la crítica frenen las fuerzas creativas que nos impulsan".

Discurso en los Billboard Women in Music de 2019.

lograr el éxito y lo que se pierde en el camino. No hay nada más maduro que aprender a pedir perdón por no valorar una relación o a una persona y cómo no aceptarlo luego de escuchar *Back to December*.

A veces nos involucramos en relaciones que, en el fondo, sabemos que no son buenas y sin embargo desoímos todas las alertas. El mejor ejemplo lo encontramos en *Dear John*, el famoso *track five* del disco.

Pero sin dudas es imposible no hablar de *Mean*, el tema dedicado a un crítico que se había ensañado con ella sin justificación, canción que le otorgó dos Grammy. La letra es prácticamente un vaticinio de su brillante futuro y una lección kármica, que demuestra que el mal siempre vuelve y que prevalece la verdad.

Sparks Fly no fue planeada para *Speak Now*, es una canción que había escrito cuando tenía 16 años, y como la había tocado alguna vez en pequeños shows, sus fans insistieron tanto que la mejoró y la incluyó en el álbum. Esta es otra de las demostraciones de lo importante que es para ella la voz y la opinión de sus seguidores.

Nunca deja de agradecerles el amor y la lealtad que le demuestran, y su reciprocidad quedó plasmada en *Long Live*, que quedará para siempre en la memoria emotiva de quienes jamás dejaron de estar a su lado.

Antes de grabarlo, trabajó en este disco durante dos años, conceptualizándolo y armándolo en su cabeza, pero además necesitaba darse tiempo para vivir distintas experiencias para poder escribirlas.

En los detalles también está la magia, por eso suele hacer listas de canciones para determinar el orden en que irá cada una en un álbum, y la va modificando y variando a medida que avanza el trabajo hasta encontrar la forma exacta en la que quiere narrar la historia completa.

En un principio, estaba previsto que el título del disco fuese *Enchanted*, pero los temas iban más allá de los cuentos de hadas y mostraban una etapa un poco más madura de Taylor, así que buscó otro que representara mejor la evolución de su carrera y su mirada acerca del mundo.

Speak Now se convirtió en uno de los 17 discos en toda la historia de la música en vender un millón de copias en la primera semana y la gira tuvo un total de 111 conciertos, para más de 1,5 millones de espectadores en 19 países.

Taylor batió todos los récords, consolidó el amor de su público y aunque una parte de la crítica empezó a reconocer su talento innegable, seguía teniendo aún detractores. Pero si algo tenía muy en claro, era que continuaría trabajando para acallarlos.

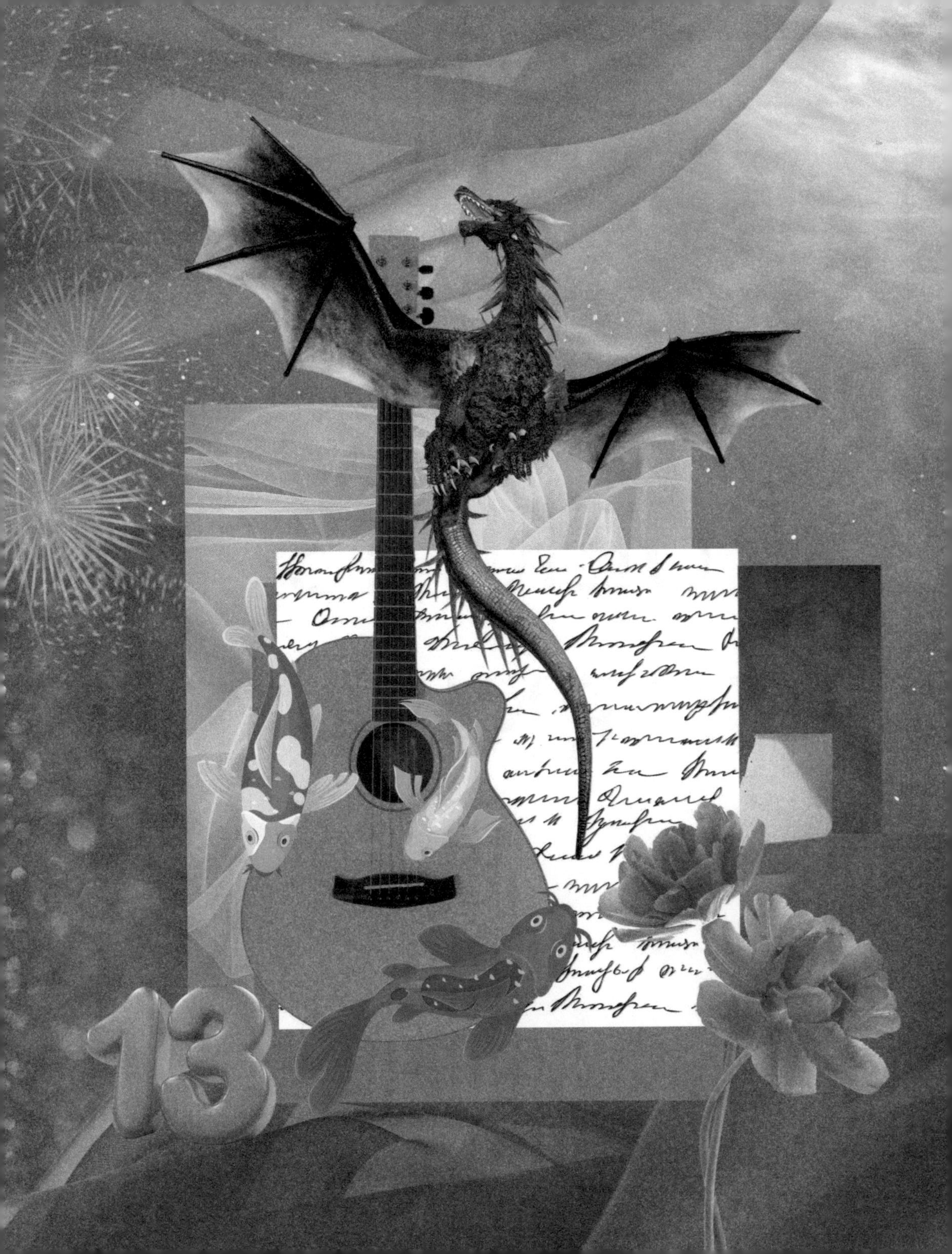
13

FUERTES TORMENTAS

RED

RED

En el 2012, Taylor tenía 22 años, ya había ganado seis Grammy y otros premios como el Billboard a la Mujer del Año en 2011, no solo por su música y su talento, sino por sus acciones filantrópicas hacia diversas causas, como la atención a las víctimas de desastres naturales, la lucha contra el cáncer, la educación de niños y niñas de escasos recursos, entre muchas otras. Fue la mujer más joven en recibir este galardón, igual que unos años antes había sido la artista más joven en ganar un Grammy al Mejor Álbum del año.

Estaba ya instalada en su propio departamento de Nashville, luego de varios meses de reformas para ponerle su impronta: ambientes muy coloridos, un estanque con peces de colores y una enorme jaula de madera, que diseñó ella misma, repleta de almohadones, lo que describe como el lugar más cómodo del mundo.

Los techos decorados con cielos estrellados, telas de diferentes colores y un enorme conejo hecho de musgo en un rincón. Cada habitación es como una invitación a los escenarios de cuentos fantásticos. Y las paredes están cubiertas por un montón de fotos de quienes, por una razón u otra, están muy cerca de su corazón: con su amiga Abigail, otra con James Taylor, haciendo un corazón con las manos junto a su amiga Selena Gomez. Incluso una foto del momento en el que fue interrumpida en el escenario de los MTV VMA con la frase: "La vida está llena de pequeñas interrupciones", una muestra de cómo se toma la vida y la manera de sobreponerse a los obstáculos. En ese espacio único creó su propio mundo, que compartía en ese momento con Meredith (por el personaje protagónico de *Grey's Anatomy*), la primera gata en llegar a la vida de Taylor.

Dentro de esas paredes todo parecía idílico, pero afuera, en el mundo real, seguían ensañándose con ella, a tal punto que optó por no leer ninguna noticia sobre sí misma y se prohibió buscar su nombre en Google. Todos los días inventaban algo nuevo, era agotador, pero poco a poco fue aprendiendo a acostumbrarse y a concentrarse en lo que verdaderamente importa. No hacía tanto vivía aterrada porque la gente creyera esas barbaridades y dejara de ir a sus recitales o de comprar sus discos, pero sus fans la conocen y como ella dice, siempre le cubren las espaldas.

Taylor tiene sueños recurrentes de ansiedad en los que la arrestan por algo que no hizo y nadie escucha su justificación o no le sale la voz. Es que, a pesar de todos sus intentos, de alguna manera siempre se sintió afectada por los rumores falsos tanto sobre su vida como en su trabajo.

"NO TIENE POR QUÉ HABER SOLEDAD EN ESTAR SOLO.

PUEDES ENCONTRAR ROMANTICISMO EN TU VIDA, AUNQUE

NO ESTÉS EN UNA RELACIÓN ROMÁNTICA. LA SOLEDAD

PUEDE SER UN MOMENTO PARA ENFOCAR NUESTRO

RUMBO, NO UN MOMENTO DE VACÍO".

Durante una entrevista en 2014.

RED

Su meta siempre es mejorar en cada proyecto, por eso *Red* (2012) fue un disco diferente a los anteriores. Cambió el sonido, cada una de las canciones tiene su propio estilo, una mezcla de pop y rock con algunos matices experimentales, se incorporaron nuevos instrumentos y la guitarra eléctrica tiene un gran protagonismo. Trabajó con diez coproductores e incluyó dúos con distintos invitados, y esto lo convierte en un álbum totalmente ecléctico.

En su afán de crecer y llevar más allá su talento, no solo se propuso explorar diferentes opciones con su música, sino mantener un entrenamiento vocal constante para perfeccionarse. Taylor no se conforma, quiere ir más alto, y esto se nota en este disco.

Según sus propias palabras, una de las premisas del álbum era elegir entre ser una buena persona o jugar sucio. Cada canción representa una etapa diferente de una relación amorosa, pero todas están basadas en emociones intensas como ira, pasión, frustración, amor, sentimientos fuertes que se identifican con el color rojo, de ahí el título del disco.

Habla de la tentación de los amores tóxicos. De que cuando alguien le rompe el corazón a otro tiene la culpa, pero también esa persona que sufre es culpable por no ver las advertencias. Describe rupturas dolorosas cuando todo empieza muy bien o retrata el conflicto que implica volver con alguien y darle una nueva oportunidad. Son historias sobre relaciones reales, en las que a veces no todo es perfecto, con peleas tontas por cuestiones cotidianas y cómo, a pesar de todo, sigue valiendo la pena.

A través de sus canciones, es posible descubrir la manera en que Taylor ve el amor. Para ella, cuando aparece hay que seguirlo sin medir las consecuencias, sin darle importancia a lo que opinen los demás y sin pensar demasiado, porque el miedo y las inseguridades terminan arruinándolo todo.

No hay dudas de que escribió temas hermosos y románticos, y que ama los finales con besos bajo la lluvia, pero también creó versiones tristes sobre rupturas como *All Too Well*, el *track five* del álbum, que originalmente duraba diez minutos, pero tuvo que ser modificado, aunque ningún fan olvidó ese detalle y apareció completo en *Red (Taylor's Version)*. La letra de este tema, al igual que *Dear John* de *Speak Now*, además de hablar de una ruptura, también hace referencia a la pérdida de la inocencia en vínculos marcados por la diferencia de edad. Algo que ella destaca siempre es la importancia de no quemar etapas y no pretender parecer más jóvenes o más adultos de lo que somos.

Taylor cree firmemente en el verdadero amor y tuvo como ejemplo la historia de sus abuelos maternos, que estuvieron casados 51 años y murieron con una semana de diferencia, locamente enamorados. Siempre soñaba con la idea de las relaciones largas, aunque en realidad nunca había tenido una, y pasaba más tiempo en duelo por la pérdida que lo que duraba la relación en sí.

En medio de este gran éxito, y con una variedad de nuevos estilos en su música, de todos modos sentía temor a que se le acabara la suerte. Su nuevo single, el ultrapegadizo *We Are Never Ever Getting Back Together*, se convirtió en su primer número 1 en el ranking Billboard Hot 100, pero ella intuía que todo podría ir cuesta abajo a partir de allí.

En agosto de 2012, en un chat en vivo frente una audiencia de más de 72.000 personas, y respondió todas las preguntas de sus fans, presentó el nuevo álbum y el video promocional de *We Are Never Ever Getting Back Together*, que, aunque fue bien recibido, no anticipaba la heterogeneidad del disco.

Además, reveló que había hecho más de treinta canciones para este álbum, pero solo incluyó 16. Pasó dos años escribiendo y grabándolo. La mayoría de los temas están vinculados a relaciones disfuncionales y compara la mezcla de estilos del disco con un patchwork, porque está conformado por diferentes retazos de sonidos y emociones.

"MERECES QUE ALGUIEN ESTÉ SEGURO

DE QUE QUIERE ESTAR CONTIGO".

Discurso antes de cantar *All You Had To Do Was Stay.*

RED

Una vez que el disco estuvo en la calle se dedicó a planificar la gira que duró 12 meses y presentó 86 conciertos en distintos lugares del mundo.

Del show participaron distintas estrellas, una de las más recordadas fue la presentación de JLo, en la que ambas cantan *Jenny From the Block*, tema que Taylor presentó como su *hairbrush song*, ese que cantaba como loca en su cuarto con su cepillo como micrófono.

Red es un álbum experimental en el que conviven perfectamente catorce géneros. Con su regrabación tendría una nueva historia, una década más tarde.

A Taylor le sucedió lo mismo que a muchos artistas, porque las disqueras suelen quedarse con los derechos sobre los másters. Pero en su caso fue más injusto y doloroso, sobre todo cuando luchó mucho por intentar recuperarlos y no pudo.

Tenía miedo de perder de pronto lo que más amaba y tanto le había costado. Sin embargo, siempre tuvo claro que en la vida, incluso en la suya, todo puede ser impredecible e incontrolable.

RED

Hasta que en 2020 llegó la posibilidad de regrabarlos, no lo dudó, puso su mejor esfuerzo y los resultados fueron, una vez más, arrasadores.

El primero en cobrar nueva vida fue *Fearless* Taylor's Version y luego llegó el turno de *RED* Taylor's Version, que fue lanzado en noviembre de 2021.

Esta nueva oportunidad le permitió tener en cuenta los insistentes pedidos de sus fans, sacar los videos de temas que en su momento no los tuvieron, agregar canciones *from the vault*, aquellas que fueron escritas para este disco, pero que por alguna razón no formaron parte del *setlist* y tampoco encajaban en otro álbum.

Pero Taylor siempre planea una sorpresa bajo la manga y aquí incluyó la versión original de *All to Well*. Escuchó a sus fans que tanto la pedían, se dio el gusto de ponerla completa e incluso dirigió un corto cómo video promocional de este tema. Lo más importante de todo es que, a diferencia de la primera vez, ahora no se sentía triste, y pudo disfrutar la grabación.

RED

- UNO DE LOS TELONEROS DEL *RED* TOUR EN 2013 FUE NADA MÁS NI NADA MENOS QUE ED SHEERAN.

- DURANTE EL RECITAL QUE DIO EN PITTSBURGH, PENSILVANIA, SE ROMPIÓ UN DIENTE CONTRA EL MICRÓFONO Y A PARTIR DE ESE DÍA EL COMPOSITOR Y PRODUCTOR JOHN ANTONOFF EMPEZÓ A LLAMARLA "DEAD TOOTH".

- EL SOMBRERO NEGRO QUE LANZA AL PÚBLICO ES IGUAL AL DEL VIDEO DE LA CANCIÓN 22.

- CONSIGUIÓ UN PAPEL EN LA PELÍCULA *THE GIVER* (2014) DESPUÉS DE QUE LOS PRODUCTORES LA VIERON EN UN SHOW DEL *RED* TOUR.

- EN LA GIRA, UNOS MINUTOS DESPUÉS DE EMPEZAR UNO DE LOS CONCIERTOS, SE CORTÓ LA LUZ Y TAYLOR LES ANUNCIÓ A SUS FANS QUE SE QUEDARAN TRANQUILOS PORQUE SI LA LUZ NO VOLVÍA RÁPIDO IBA A CANTAR TODO EL REPERTORIO CON LA GUITARRA ACÚSTICA.

1989

*R*ed fue nominado al Grammy, pero no ganó. Taylor se salteó la fiesta y mientras comía una hamburguesa en el sofá de su casa, solo pensaba en los motivos. Tras analizarlo se dio cuenta de que había sido un disco demasiado multifacético, habían trabajado muchas manos en él y no tenía un estilo definido. Ahora quería hacer un álbum enteramente pop, que tuviera sonidos ochentosos, de la época en la había nacido. Tal vez instintivamente decidió titularlo *1989* (2014), y más allá de ser el año en el que nació, también sintió que podría ser como un renacimiento, estaba cambiando de género y de algún modo, volviendo a empezar.

Un nuevo reto se avecinaba. Buscaba sorprender a su público, pero también había madurado y ahora su estilo era más sofisticado, usaba tacones altos, y el cabello más corto y lacio. A cualquier lugar al que iba, se presentaba impecable porque incluso cada vez que se asomaba a la puerta de su casa comenzaba la persecución de los *paparazzi* que la seguían a todos lados, y no podía estar desarreglada porque eso sumaba un factor más para las críticas.

Antes de lanzar el disco, se mudó a Nueva York y su vida volvió a cambiar por completo. Su éxito crecía y disfrutaba de un grupo de amigas con quienes compartir el tiempo y salir a divertirse, pero verla feliz parecía que molestaba a muchos.

Cuando recibió por segunda vez el premio a la Mujer del Año de la revista *Billboard*, habló de las nuevas tecnologías y plataformas en la industria, los cambios que esto traía en el consumo y la necesidad de enseñarles a las nuevas generaciones el valor de invertir en música en lugar de consumirla efímeramente. Apeló al poder que le da su trayectoria y sus millones de seguidores para salir en defensa de los nuevos artistas que no estaban siendo reconocidos económicamente y también retiró sus álbumes de las plataformas de *streaming* hasta 2017 cuando mejoraron las condiciones.

A partir de este disco, las letras ya no hablan del dolor causado por un amor perdido, sino que muestran el pensamiento de una mujer segura de sí misma e independiente, con intenciones de disfrutar la vida y sacudirse de encima las críticas sin sentido.

Shake it Off y *Clean* fueron las dos últimas canciones que incluyó en el álbum, lo que muestra claramente la evolución de sus sentimientos y de su proceso mental. La primera la escribió pensando no solo en el acoso de sus propios *haters*, sino también en la humillación y el *bullying* que sufren muchos en las redes sociales, con graves consecuencias para la autoestima, y que

"Mis errores llevaron a las mejores cosas de mi vida. Avergonzarte cuando te equivocas es parte de la experiencia humana. Levantarte, sacudirte el polvo y ver quién todavía quiere salir contigo y reírse de lo que pasó es un regalo".

Discurso cuando recibió el Doctorado Honorífico
en la Universidad de Nueva York (NYU) en 2022.

generan tristeza y bloquean la vida de muchas personas. *Clean* la compuso en Londres, cuando descubrió que había estado dos semanas en el mismo lugar que su ex, pero ni siquiera había pensado en eso, y solo deseaba que él estuviese bien y nada más.

Cuando tenemos el corazón roto no podemos sentir atracción por otra persona y esto duele mental, física y emocionalmente; vivimos pensando en eso, pero el tiempo pasa y seguimos con nuestra vida, nos acostumbramos a no llamarla, cambiamos esos viejos hábitos por otros nuevos, empezamos a salir con amigos, a armar planes divertidos y a vivir otras aventuras hasta que nos damos cuenta de que estamos listos para avanzar. Nos liberamos de la adicción a esa relación y tenemos el corazón listo para volver a empezar.

You Are in Love es una canción especial, que habla del amor verdadero en una pareja y cómo es sentir que estás con tu mejor amigo. Hasta ese momento, Taylor no había vivido algo así, pero la escribió basada en lo que le contaba la guionista y actriz Lena Dunham y su vínculo de entonces con Jack Antonoff. Taylor pensó que ese tipo de relación sonaba simplemente maravilloso y muy real.

La gira del álbum fue extraordinaria, estrellas como Justin Timberlake la convocaban para cantar en sus conciertos y tuvo

"No creo que debas disculparte nunca por tu entusiasmo. Solo porque sea algo cliché no significa que no sea algo asombroso. La peor clase de persona es la que hace que alguien se sienta mal por estar emocionado por algo".

Durante una entrevista en 2019.

muchísimas figuras invitadas como Mick Jagger, JLo, Ed Sheeran y Ricky Martiny muchos más. Participó en los desfiles de Victoria's Secret y finalmente contaba con el grupo de amigas que tanto había deseado, entre las que nunca faltaban Selena Gomez o Gigi Hadid.

Mientras tanto, seguía el aluvión de rumores falsos y críticas, los presentadores de las entregas de premios hacían bromas insensibles sobre ella, los titulares de los principales medios la destruían y entonces la gente comenzó a tener una percepción errada. Taylor empezó a sentir que todo lo que había construido se desmoronaba, que nada tenía sentido si todos pensaban que era una mala persona, cuando lo primordial para ella siempre había sido ser una buena chica y amable con todos.

Esto fue demasiado, decidió replegar sus alas y desaparecer del ojo público por un tiempo, para rearmarse.

NO HAY EXPLICACIÓN, SOLO REPUTACIÓN

reputation

reputation

omo si lo hubiera presentido, se fue preparando. Tenía la sensación de que estaba caminando por una cuerda floja, que pronto se cortaría y la haría caer. No había hecho nada malo, pero existen personas a las que no les gustan los que ganan siempre o descreen de aquello que es demasiado bueno para ser real. Se aburren rápido, prefieren lo nuevo y así decidieron que lo que Taylor representaba ya no era correcto y que era un mal ejemplo.

A pesar de su incansable trabajo y de su respeto hacia los demás, desde el comienzo de su carrera la criticaban por cualquier cosa y ella reaccionaba: primero decían que no componía sus canciones y sacó un disco enteramente compuesto por ella, que fue un éxito absoluto, batió todos los récords y ganó múltiples premios; después determinaron que estaba con demasiados hombres y entonces no salió con nadie por un largo tiempo. Absolutamente todo lo que hacía se consideraba que estaba mal, lo que estaba bien era por las razones equivocadas y si se defendía era una caprichosa. Así fue que un día dijo basta.

Cerró la mayoría de sus redes sociales, dejó en Instagram solo tres imágenes encriptadas que conformaban una serpiente, en alusión al apodo que le habían puesto, o tal vez era un sutil mensaje hacia sus fans para anticipar lo que vendría.

Después de un año sin exposición, sin que nadie supiera de ella, estaba más feliz que nunca y no había dejado de componer. Sí extrañaba a sus fans y por eso buscaba la forma de contactarse con ellos y recuperar el código secreto que tenían.

Había llegado el momento de regresar, plantarse frente a sus detractores y volver a disfrutar del amor de su público.

Cuando tuvo terminada la *setlist* de su nuevo disco, volvió a convocar a algunos de sus fans a las *secret sessions*, que había empezado a implementar con *1989*, y que habían resultado una experiencia muy enriquecedora para ella y para los que acudieron. ¡Imaginen tener la oportunidad de escuchar las canciones de un nuevo álbum en la casa de la propia Taylor, con sus explicaciones y detalles y encima que ella misma hornee galletas para convidarles! ¡Un verdadero sueño para aquellos que pasaron horas y horas disfrutando los temas inéditos, bailando y hablando con ella! De allí no solo surgieron hermosas amistades, además Taylor pudo comprobar que el amor de sus fans seguía intacto.

Así fue cómo tomó todo lo dañino y lo convirtió en música y en un nuevo estilo. Ya no era la Taylor ingenua y amable con todos,

"Espero que sepas que quién eres es quién eliges ser. Los rumores no te definen. Tú eres quien decide por qué serás recordado".

Prólogo del álbum *1989*.

a la que podían atacar libremente, se había convertido en una mujer fuerte y empoderada dispuesta a defenderse.

El álbum *Reputation* (2017) fue, una vez más, un rotundo éxito. Vendió dos millones de copias en una semana, superando los récords anteriores y todas las expectativas. Este es un disco que tiene dos caras, un juego de engaños con canciones fuertes, influencia del rock duro y el hip hop, con aires de revancha que camuflan una historia de amor en el medio del caos.

Mientras lo componía, afuera todo parecía ser una batalla; sin embargo, Taylor vivía en su nuevo mundo tranquilo, hogareño, que transcurría por primera vez bajo sus propias normas. Paradójicamente, en las peores épocas de su carrera y de su reputación, pasaba los mejores momentos de su vida junto a su familia, su novio y a sus verdaderos amigos que la cuidaban, aunque todo el mundo estuviera en su contra.

Lo más cercano a ese momento por el que pasaba está reflejado en *Delicate*, donde habla de que su reputación no puede ser peor, pero aún hay alguien que puede quererla por quién realmente es y en el video demuestra con mucho humor las ventajas y la libertad de no estar en el ojo público. También *New Year's Day*, *Call It What You Want* y *Dress* narran un amor que va afianzándose y creciendo en intensidad sin que

nadie lo sepa. Temas como *Look What You Made Me Do* o
I Did Something Bad son la contracara del disco, tienen sonidos
fuertes, casi gritos de batalla, con algo de inspiración en las
historias de *Games of Thrones.*

Había estado muy cerca de dejarlo todo, pero las palabras
siempre habían sido su mejor forma de expresarse, y aunque
muchas veces las utilizaran en su contra, era su manera de hacer
catarsis. Pasó bastante tiempo escribiendo poemas amargos y
agresivos, también varios ensayos, que no pensaba publicar, para
tratar de entender los motivos por los que la gente actuaba así
con ella o qué había hecho para llegar a esa situación. Le costó
mucho lograr un aprendizaje positivo de todo esto, porque no
estaba segura exactamente de qué era lo que había hecho mal.

Desde su adolescencia, si alguien la criticaba por algo, se esforzaba
por cambiar, hasta que llegó un punto en que se había convertido
en una conjunción de todas esas críticas en lugar de tomar
decisiones propias. Entonces optó por una vida tranquila, evitar
las discusiones, las intromisiones o el debate sobre ella. Para eso
tuvo que cambiar y madurar, en muchos sentidos. Aprendió
fundamentalmente a poner límites entre lo público y su intimidad.

Antes solía compartir mucho con un mundo que no la
comprendía o no estaba listo para eso, pero ahora se divertía

al incluir algún que otro guiño en sus videos, como esa llamada telefónica que nunca debió haber respondido. También en *Look What You Made Me Do* se alza sobre una montaña de Taylors de distintas épocas peleándose entre ellas. Estas escenas representan el tiempo en que sentía que su vida era un desastre, cuando solo podía ver el lado negativo de las cosas, los rumores y los errores que cometía.

Pero ya no estaba dispuesta a que esto volviera a ocurrir, se había reconciliado con ella misma y en *I Did Something Bad* habla sobre hacer algo que va muy en contra de lo que habitualmente hacía. Como buena sagitariana, Taylor reconoce que cuando se siente atacada tiende a alejarse, evalúa la situación, procesa sus sentimientos, toma el arco y la flecha, tal como representa su signo, y dispara. Esta es su manera de manejar el dolor, la confusión y los malentendidos. Y muchas veces tarda demasiado en aceptar que algo le duele. Por eso comprende que incluso la gente con la que comparte su vida a veces no lo note.

En este álbum, Taylor no solo mantuvo su código de comunicación con sus fans a través de los famosos *Easter eggs*, sino que los exageró al máximo posible. *Look What You Made Me Do* es tal vez el video más icónico de su carrera y el que más referencias contiene.

"Vivimos en un mundo donde
todo el mundo tiene el derecho
de decirte lo que quiera sobre ti,
en cualquier momento. Pero recuerda que
también tienes derecho a demostrar que
están equivocados".

Palabras al recibir un premio en los BRIT Award de 2021.

reputation

Ella deja las pistas y sus fans se lanzan a la búsqueda de los significados y de los anuncios que hay detrás de cada una. Por supuesto, hay tantas teorías como fans y eso es lo divertido del juego. Taylor a veces espera que tarden un tiempo en resolverlas, pero están tan ansiosos y bien entrenados que cada vez demoran menos tiempo en descubrirlas.

Más allá de todas las referencias a los antiguos conflictos que la llevaron a resurgir de sus cenizas, vamos a destacar una que tiene que ver con su lado más divertido o con el reconocimiento de quienes siempre estuvieron junto a ella, cuando Taylor aparece lookeada como en el video de *You Belong With Me* y en la camiseta están escritos los nombres de algunos de sus amigos famosos, como Selena Gomez, Ryan Reynolds, Blake Lively, las hermanas Haim, Lena Dunham, Claire Kislinger, Abigail, Gigi Hadid, Martha Hunt, Lily Aldridge y Ed Sheeran. Por supuesto, el número 13 no puede faltar y aparece repetidas veces.

La gira de *Reputation* fue la más importante en su carrera hasta The Eras Tour. Transcurrió entre mayo y noviembre de 2018, incluyó 53 conciertos que recorrieron Estados Unidos, Canadá, Inglaterra, Irlanda, Australia, Nueva Zelanda y Japón con un éxito absoluto en cada lugar donde se presentó, y una vez más contó con invitados increíbles, entre los que estuvieron su

reputation

gran amiga Selena Gómez, Shawn Mendes, Niall Horan, Brian Adams, Tim McGraw y Faith Hill, entre otros.

Los shows fueron elogiados y aplaudidos, no solo por su público, sino también por la crítica. Destacaron la performance de Taylor en el escenario y la innegable conexión con su audiencia. Todo respaldado por una escenografía extraordinaria en la que se destacaba una gigantesca serpiente, múltiples cambios de vestuario y una producción inmejorable.

Este tour fue para ella una experiencia emocionalmente transformadora; y para la crítica y el público, totalmente alucinante. Las serpientes se apoderaban del escenario acompañando a una Taylor poderosa que se movía por los diferentes estilos musicales con un crecimiento vocal y un manejo escénico impresionantes, condimentados con espectaculares cambios de vestuario y efectos especiales. Un éxito y una revolución absoluta.

A partir de allí, encontró un gran equilibrio tanto en su carrera como en su vida. Después de esos shows, podrán volver a atacarla, pero ya no producirle daño. Sabe que su trabajo es entretener, y eso tiene que ser divertido para el público, pero también para ella misma.

- Luego de un año de ausencia *reputation* se convirtió en el álbum más vendido en Estados Unidos y el mundo en el 2017. Se vendieron más de 1,2 millones de copias solo en la primera semana.

- Al publicarse, *reputation* alcanzó el primer lugar en iTunes de Estados Unidos. en un tiempo récord de seis minutos.

- El gobernador del estado de Minnesota, Mark Dayton, declaró el 31 de agosto de 2018 como el "Día de Taylor Swift", en honor a las dos fechas consecutivas de su show en el U.S. Bank Stadium de Minneapolis.

EL AMOR ES IGUALDAD

Lover

Lover

Luego de la exitosísima gira de *Reputation* y después de recargar energía positiva fruto del cariño, la empatía y la admiración que recibió de sus fans, Taylor pudo ver su presente desde otra perspectiva, nada era tan malo como pensaba, quedó atrás su era oscura y todo era más brillante y luminoso.

Cuando terminó el que sería su séptimo álbum, publicó la foto de siete palmeras como pista, con la intención de que sus fans descubrieran el mensaje y la respuesta no se hizo esperar. Otro de los *Easter egg* adelantó la estética del disco: en un video vertical de Spotify para *Delicate* mostró sus uñas color pastel. Taylor sabe que sus seguidores son detectives entrenados que no se pierden ningún detalle y ella disfruta mucho preparando las pistas.

Lover (2019) es un álbum con un amplio espectro emocional, y mucho más adulto y comprometido. Hay canciones alegres y algunas muy tristes, pero definitivamente todas marcan su postura y su forma de pensar. Queda claro que se siente mucho más cómoda mostrándose vulnerable y reconoce que eso se lo debe a los fans, que fueron lo suficientemente valientes como para mostrarse también vulnerables con ella, pero además se nota un mayor compromiso con sus ideas. Taylor lo describe como una carta de amor para amarse a sí mismo, aunque sus temas celebran todos los tipos de amor posibles.

Este es el primer disco que grabó con su nueva discográfica, Republic Records, con la que hizo historia en el mundo de la música porque en su contrato negoció la propiedad absoluta de sus másteres. Por fin había conseguido lo que tanto deseaba y solo restaba que se cumplieran los plazos para regrabar sus discos anteriores y recuperar sus derechos. Mientras tanto, este álbum vendió 1 millón de copias solo en la preventa.

Me! fue el primer sencillo. Taylor escribió el guion y también intervino en la dirección del video que se convierte en una muestra más de su talento y creatividad, y también del entusiasmo y la intensidad con la que disfruta y se divierte trabajando en los detalles.

En algunas escenas aparece hablando en francés y para lograr una buena pronunciación contó con la ayuda de un coach que la ayudaba con la pronunciación. La canción es sumamente alegre y pegadiza, y el video tiene colores vibrantes y luminosos, y una narrativa lúdica con elementos fantásticos. Brendon Urie, el vocalista de Panic! At The Disco, la acompaña con mucha complicidad en este universo surrealista repleto de animaciones y

"En los últimos 10 años he visto cómo las mujeres en esta industria son criticadas y medidas entre sí y molestadas por sus cuerpos, sus vidas románticas o su estilo. ¿alguna vez has escuchado a alguien decir sobre un artista masculino 'realmente me gustan sus canciones, pero no sé qué es, ¿hay algo en él que no me gusta? ¡No! ¡Esa crítica está reservada para nosotras!".

Discurso en los Billboard Women in Music de 2019.

efectos especiales, que además tiene como uno de los *Easter Eggs* el título del álbum.

En el video de *Lover*, la estética es romántica y nostálgica, con colores suaves y una sensación de intimidad. Las escenas entre los amantes transcurren en las distintas habitaciones de una casa que, no por casualidad, están ambientadas con los distintos colores de sus eras.

El lanzamiento del disco fue una fiesta. El día del estreno de este video Taylor realizó una presentación en vivo para *Good Morning America* a la que concurrieron sus fans. Muchos de ellos acamparon durante la noche anterior para no perderse la oportunidad de verla. Y en un gesto de una calidez increíble, Scott, el padre de Taylor, estuvo repartiéndoles pizza para que pasaran una noche más confortable. Y no fue la primera ni la única vez, que tienen este tipo de atenciones, tanto su familia como Taylor y su equipo se preocupan permanentemente por la seguridad de los fans en todas las presentaciones.

Lover es un álbum particular, porque reversiona su viejo estilo, pero desde otra perspectiva. Deja atrás la obsesión por el pop de los ochenta, al que había emulado en *1989*, y la oscuridad, la grandilocuencia y los altibajos de *Reputation*, detrás de un alter ego vengativo, para pasar a un aspecto más luminoso, brillante,

"La presión que podría habernos aplastado, en su lugar nos convirtió en diamantes. Y lo que no nos mató, en realidad nos hizo más fuertes".

Discurso en los Billboard Women in Music de 2019.

pero también más comprometido y honesto. Con letras sobre distintas realidades, temas como la diversidad y la discriminación por género empiezan a tomar fuerza. En este disco, Taylor expresa su ideología y se muestra como nunca antes.

Hasta ese momento se había mantenido al margen de las cuestiones políticas, por temor a represalias o más comentarios negativos, pero esta vez le parecía demasiado injusto lo que estaba sucediendo previo a las elecciones para el Senado de los Estados Unidos de 2018. Se involucró de lleno, fijó su postura en contra de Donald Trump y Marsha Blackburn, candidata republicana a senadora por Tennessee, y alentó a los jóvenes a votar, invitándolos a que compartieran en las redes sociales sus *selfies* luego de hacerlo y a ser responsables por el destino de su país. Con *Only the Young*, su canción más política, logró un récord de jóvenes en las urnas. Aunque su compromiso no alcanzó para evitar que Blackburn ganara, Taylor no bajó los brazos.

El álbum no solo es increíblemente rico en cuanto a su producción musical, también deja claros los mensajes sociales que plantea, en algunos casos metafóricamente, pero sin rodeos. Más allá de los temas políticos de su país, habla de cuestiones que abarcan al mundo entero, como los ataques en las redes sociales en las que, donde parece que todo está permitido y pueden ser mucho más violentos que un golpe físico.

Todas sus canciones tienen un mensaje de empoderamiento femenino, que llega a millones de niñas y adolescentes en todo el mundo. Además, incluye otros temas que afectan a las mujeres, como que deben luchar y esforzarse mucho más en sus carreras que los hombres. En *The Man* deja bien en claro el privilegio de los varones solo por el hecho de serlo y protagoniza el divertido video, que está plagado de *Easter eggs*, perfectamente caracterizada como hombre.

The Archer, el *track five*, es una melodía hermosa que habla de la complejidad de relacionarse con los demás, cuando las experiencias pasadas la volvieron desconfiada y ansiosa, por lo que se pregunta si alguien podría quedarse con ella a pesar de eso. La última canción es Daylight, que originalmente iba a ser el título del disco, porque para Taylor *Reputation* representaba la noche y este álbum, un renacimiento lleno de la luz de un nuevo día.

You Need To Calm Down es un himno a favor del respeto por lo que cada uno decida ser, por el amor en todas sus formas y también un llamado de atención para todos aquellos que gastan su energía en molestar a los demás, tratando de impedir que vivan libremente.

Este tema fue otro de los *singles* y el video es una celebración de la comunidad LGBTIQ+. Con una producción impresionante como todas a las que nos tiene acostumbrados, y una vez más con cameos de celebridades, entre ellas su amigo Ryan Reynolds, que aparece pintando un cuadro del Stonewall Inn, el histórico bar de Nueva York donde en 1969 comenzó el movimiento por los derechos igualitarios. También aparece RuPaul y Ellen DeGeneres, a la que le hacen un tatuaje que contiene un *Easter egg*, que anticipa el título de *Cruel Summer*; Laverne Cox, los protagonistas de *Queer's Eye*, la serie de Netflix con la que Taylor estaba fanatizada; Hayley Kiyoko, Katy Perry vestida de hamburguesa, como había ido a la Met Gala, pero en el video se encuentra con una Taylor vestida con un traje de papas fritas, lo que confirma su reconciliación y la lista sigue y sigue y cada uno tiene un papel especial.

También hay un mensaje feminista representado por un concurso de Pop Quens, en el que arrojan la corona y nadie la agarra, para hacer referencia a los enfrentamientos entre mujeres que muchas veces genera la prensa.

Además, el video está lleno de guiños como el cartel de "Mom I'm a rich man" que hace referencia a la frase de Cher, cuando su madre le recomendó que se casara con un hombre rico y ella le respondió que ella misma era un hombre rico.

Los videos y el disco lograron múltiples nominaciones a los premios más importantes de la industria musical, pero quizá

"El feminismo es probablemente el movimiento
más importante que podrías adoptar,
porque básicamente es otra palabra para igualdad".

Durante una entrevista en 2015.

las más trascendentes fueron las victorias que obtuvo en sus seis nominaciones en los American Music Awards 2019. Esto la convirtió en la artista más premiada de la noche y de la historia de los AMA, con 29 premios en total , consolidándose además como la Artista de la Década.

En septiembre de ese año fans de 37 países viajaron a París para vivir una experiencia increíble: la presentación en vivo de *Lover* en el teatro L'Olimpya. Taylor tocó en vivo por primera vez las canciones del álbum, la mayoría en su versión acústica, y tanto ella como el público disfrutaron cada canción.

Cuando cantó *Cornelia Street* explicó que muchas veces utiliza las canciones para preservar los recuerdos y los sentimientos de los momentos vividos. Esta canción la escribió sola y se le ocurrió mientras estaba en la bañera. Se llama así en referencia a la casa que alquiló durante un tiempo en esa calle, cuando componía las canciones de este disco, aunque en realidad habla del apego y del miedo a perder una relación porque sería tan doloroso que no podría soportar ni los recuerdos.

Debido a la pandemia mundial por el COVID-19, *Lover* no tuvo gira, pero como consuelo en enero de 2020 se estrenó el documental de Netflix, *Miss Americana*. Comienza en la intimidad de su casa con Benjamin Button, el gatito que participó en el video de *Me!*, caminando sobre las teclas, mientras Taylor trata de tocar el piano. La historia con esta mascota fue amor a primera vista.

El gato ronroneaba tiernamente cuando ella lo acariciaba y cuando supo que estaba en adopción, no lo dudó y se convirtió en el "hermano" menor de Meredith y Olivia (o mejor dicho, Dibbles). Luego de esa escena, el documental hace un recorrido por toda la carrera de Taylor, profundizando sobre algunos temas que son muy importantes para ella, como su postura en contra de los estándares de belleza.

En ciertos momentos de su vida, tuvo terror a que su imagen saliera en las tapas de las revistas, porque la fotografiaban sin que se diera cuenta y a veces, como nos pasa a todos, sentía que no había salido bien. En ocasiones, la autopercepción suele ser mucho peor de lo que los demás ven de nosotros y tendemos a ser bastante crueles con nosotros mismos, pero ella estaba constantemente bajo el ojo público y era un blanco permanente de críticas. Esto desencadenó su baja autoestima y un desorden alimenticio durante una difícil etapa de su vida, pero luego comprendió que siempre van a encontrar motivos para cuestionar su imagen y que lo fundamental es mantenerse sana, disfrutar cocinando y comiendo lo que le gusta.

Con su mensaje deja bien claro que las mujeres debemos reinventarnos y aceptarnos como somos, pero no para encajar y cumplir las expectativas de otros, sino para estar satisfechas con nosotras mismas.

El documental también muestra el despertar de su compromiso político y su oposición a todo aquello que ponía en riesgo la Ley de Violencia contra la Mujer de Tennessee, que buscaba reformularse y ya no protegía a las mujeres del acoso y la violencia doméstica, no aceptaba el matrimonio igualitario y no garantizaba los derechos de la comunidad LGBTIQ+.

Ella misma fue víctima de acoso y cuando lo dijo, no solo salieron a denostarla, sino que el acosador la demandó por millones de dólares, pero Taylor contrademandó por solo un dólar y ganó.

Tenía como pruebas una foto y siete testigos. No pretendía dinero, sino darles voz a todas las mujeres que sufren acoso sexual en la calle, el trabajo o en su vida.

Aunque no le fue fácil, logró una gran repercusión a partir de todo esto y fue tapa del número anual Person of the Year de la revista *Time* junto a otras mujeres víctimas que también rompieron el silencio.

Muchos piensan que Taylor no tiene el estereotipo de una mujer feminista y que su música cuenta historias superficiales; sin embargo, sus nuevos álbumes reflejan todo lo contrario. Hay quienes se sienten amenazados por su poder, porque fue elegida tres veces como una de las cien personas más influyentes del mundo por la revista *Time*, y porque es una referente absoluta de la música, pero en sus actos no hay manipulaciones, ella simplemente plantea sus ideas y pide apoyo, y como recompensa recibe a cambio la mayor de las lealtades de su público.

Claramente sus fans son tan protagonistas de esta historia como ella, por eso aparecen mencionados en distintos pasajes de su vida. Existe entre ellos un vínculo de amor y agradecimiento mutuo; de hecho, crecieron a la par y transitaron las mismas etapas, por eso se comprenden tan bien. Esta es una constante que estuvo y estará siempre en toda su trayectoria.

- Taylor se mantuvo durante seis semanas en el primer puesto del Billboard Top 200 con cuatro álbumes consecutivos. Algo que solo The Beatles habían conseguido hasta ese momento.

- En una entrevista icónica con Sunday Morning de CBS News, expuso clara y detalladamente las diferencias entre hombres y mujeres en la industria musical.

VOLVEREMOS A ESTAR BIEN

folklore —————————

folklore

Como la gran mayoría de las personas alrededor del mundo, Taylor se vio obligada a quedarse en su casa luego de cancelar la gira de *Lover*. En esos momentos de tanta incertidumbre, hizo un viaje introspectivo y se encontró en un lugar muy sereno, segura de sí misma y de lo que había hecho hasta entonces. Y cuando todo estaba detenido en el tiempo y nadie lo esperaba, sorprendió al mundo con un nuevo disco. Así surgió *Folklore* (2020).

Esta vez la fuente de inspiración no fueron sus vivencias (aunque siempre se puede encontrar un nexo) sino diferentes imágenes que surgían de su imaginación como películas y que le fueron dando vida a historias y nuevos personajes, como la trilogía (o el gran triángulo amoroso) conformada por *Betty*, *August* y *Cardigan*. Es una misma historia contada desde tres perspectivas: *Betty* está narrada por James, un chico de 17 años muy arrepentido de engañar a su novia Betty durante el verano. En *August*, la que habla es Augustine o Augusta, la chica con la que James engañó a Betty, que se siente culpable, pero a la vez sufre porque se enamoró de James; y *Cardigan* muestra el punto de vista de Betty, veinte años después, cuando recuerda lo bueno y lo malo de esa relación, y aunque desconocemos el final, Taylor deja entrever que Betty y James volvieron a estar juntos.

The Last Great American Dynasty es un viaje en el tiempo que teje varios puntos en común, que interpretan los que conocen la historia de Taylor. La canción habla de Rebekah Harkness, que se había casado con William Harkness, miembro de una dinastía petrolera y heredero de la fortuna de la Standard Oil, que fue la antigua propietaria de la casa de Rhode Island que luego Taylor compró. Curiosamente, Rebekah también fue compositora y filántropa, hija de un corredor de bolsa, y la juzgaban por tener muchas parejas y vivir de fiesta en fiesta. ¿Casualidad o destino?

Peace está vinculada a su vida personal. Habla del esfuerzo por llevar adelante una existencia común al margen de lo público y lo complicado que puede ser tratar de proteger a los demas de aquellos aspectos de su vida que no puede evitar.

Mirrorball contiene una de las metáforas más increíbles acerca de lo que significa ser una celebridad y la imagen que la gente tiene de ellas o de cualquier persona que siempre muestra una cara diferente según lo necesite para encajar y ser querida. Taylor lo explica claramente en el documental *Folklore: The Long Pond Studio Sessions*, cuando dice que son como una bola de espejos, porque cuando las luces las iluminan brillan, se ven

*"Ves todos los ángulos de tu propia vida
y la comparas con la vida de otros,
de la que no sabes. Solo comparas lo bueno
que ves (...) Así que les digo a ustedes,
cuando empiecen a compararse con otras
personas, por favor cambien el canal en su
mente a otra cosa. Mucha gente puede
ser mala, pero algunas veces solemos
ser malos con nosotros mismos".*

Speech antes de cantar *Clean*.

fantásticas y divierten a todos, pero es así porque están rotas en mil pedazos, haciendo referencia a que cuánto más sufren, más interesantes son.

Siempre hay una canción vulnerable para ella que ocupa el *track five* y en este disco es *My Tears Ricochet*, en la que hace referencia a la situación que la llevó a regrabar sus álbumes, una de las situaciones más complejas de su trayectoria.

Hoax es otro tema triste y hermoso, en el que cuenta la traición más dolorosa y difícil de superar, que es aquella de alguien a quien amamos y conoce a fondo nuestros puntos débiles.

El disco se grabó enteramente en el estudio que tiene Taylor en su casa de Rhode Island, es un estilo más folk, donde predominan el piano, la guitarra y el violín, que acompañan el protagonismo absoluto de su voz, con un aire intimista, nostálgico y reflexivo, muy diferente a sus trabajos anteriores. El arte con imágenes invernales, en el medio de un bosque y con tonos grises, lo convirtieron en uno de los álbumes más icónicos de la pandemia, porque representa a la perfección lo que todos sentíamos en ese momento.

"*Las palabras pueden romper a alguien en un millón de pedazos, pero también pueden unir esos trozos de nuevo*".

Prólogo del álbum *Speak Now*.

- *En algunos de los temas, como Exile, participa como coautor William Bowery, que en realidad es Joe Alwyn. Empezó con una improvisación de él en el piano, que continuó y la completaron entre los dos. El actor británico usó este seudónimo porque su abuelo, que era compositor, se llamaba así, y Bowery es un lugar de Nueva York que le gusta mucho.*

evermore

En diciembre de 2020, Taylor volvió a sacudir el mundo con *Evermore*, su noveno disco con un concepto muy similar al anterior, en el que arma una suerte de juego de espejos entre los temas de ambos, aunque ya no tan folk, sino más estilo alternativo. La notoria continuidad de los dos discos también fue evidente en la difusión, que fue hecha por ella misma en sus redes sociales y con el apoyo de sus fans.

Exactamente el 15 de ese mes lanzó el disco, como agradecimiento por todos los mensajes de cariño que sus fans le habían dedicado dos días antes por su cumpleaños 31, que fue superespecial para ella porque cumplió, lo que implica su número de la suerte al revés, una fecha que esperaba desde que había cumplido los 13 años.

Según su propia explicación, cuando terminaron con Folklore, se quedaron con muchas ganas de seguir escribiendo, porque habían disfrutado de la posibilidad de escapar que les ofrecían la música y todos esos relatos imaginarios, una mezcla de escenas oníricas con historias de amores perdidos.

Sentían como si estuvieran frente a un bosque inmenso y decidieron explorarlo en profundidad para averiguar qué les deparaba la música, a partir de las mismas sesiones irregulares que produjeron un disco tan maravilloso como el anterior. Los temas, además de sonar increíbles en su conjunto muestran claramente que Taylor y su equipo estaban disfrutando de esta nueva aventura.

La promoción de este disco fue enteramente manejada por Taylor desde sus redes, como una especie de regalo navideño y un refugio musical para quienes estaban pasando esas fechas en soledad por el confinamiento.

A medida que pasan los discos, se vuelve más difícil decidir qué temas destacar, porque todos son buenos, tienen una historia muy profunda o su ritmo es especial, pero para descubrir la huella de *Evermore*, empecemos por el principio.

Este disco arranca con *Willow*, un tema de amor profundo y totalmente entregado, de esos que cuando se pierden nos dejan completamente vacíos. *Champagne Problems* cuenta la historia de una pareja de universitarios desde la perspectiva de la novia. El novio decide proponerle matrimonio enfrente de toda su familia y amigos, ella lo rechaza y la relación termina. La canción relata muy bien lo triste que puede ser, desde ambas partes de la relación, no querer lo mismo que tu pareja.

"Tú eres tu propia definición de hermoso. Eres sabio porque cometiste errores, no dañado, sabio. Eres alguien que podría estar en este momento sentado aquí, pasando por lo que estás pasando, estresado, molesto, pero te levantaste (...) No se trata de la perfección, se trata de seguir adelante con las cosas".

Palabras antes de cantar *Clean* durante el *Reputation* Stadium Tour.

En *Tolerate it* narran la historia de un matrimonio en el que uno lo da todo, y el otro, en lugar de apreciarlo, solo lo tolera. Es una descripción tan perfecta que al escucharla se puede sentir el dolor de esa persona que únicamente puede estar pendiente del otro y va perdiéndose a sí misma esperando que la amen.

Dorothea habla de una chica que se va de su pueblo para perseguir sus sueños y una vieja amiga le dice que no importa que esté lejos, siempre va a estar para apoyarla. Los fans creen que fue escrita para Selena Gomez, porque hay algunas referencias sobre ella.

En este álbum se ratifica el indudable talento de Taylor para captar situaciones y personajes de tal manera que llegamos a creer que son reales y seguimos buscando a sus protagonistas, que solo son productos de su fructífera imaginación.

Uno de los ejemplos más claros es *No Body, No Crime*, donde retoma el arte de contar historias, tan propio del country. El tema empieza por un camino y luego da un giro sorprendente al final. Aquí cuenta de historia de una infidelidad y dos asesinatos con un guiño muy divertido, donde aparecen las hermanas Este, Alana y Danielle Haim.

Marjorie es seguramente la canción más personal de este disco y un hermoso homenaje a su abuela, que fue cantante de ópera, su inspiración y la que le pasó la antorcha de la música. Lo más conmovedor es que en el fondo de la canción se escucha la voz de la propia Marjorie, porque Andrea, la madre de Taylor, encontró unos viejos discos de ella y Aaron Dessner los introdujo de una manera brillante que consolida la sensación de que siempre la acompaña. Este tema, de alguna manera, es el reflejo de *Epiphany*, que está dedicado a Dean, su abuelo paterno que peleó en la batalla de Guadalcanal, durante la Segunda Guerra Mundial. En estas dos canciones no solo homenajea a sus abuelos, también demuestra su interés por la historia.

Otra de las canciones que tal vez tiene un vínculo más personal es *Long Story Short* que habla de perder la reputación, de alguien que te salva en el peor momento y que, a pesar de las dificultades y las caídas, se puede sobrevivir y seguir adelante.

It's Time To Go es la manera más hermosa de recordarnos que muchas veces no es de cobardes rendirse y que puede ser necesario para ir en busca de algo mejor.

Gran parte de sus seguidores le tiene mucho cariño a *Evermore* y suele bromear con ella acerca de que es el "hijo menos favorito" porque siempre se olvida de mencionarlo. Por supuesto, Taylor se ríe de estas ocurrencias. Con este álbum confirmó que su capacidad de reinventarse es infinita y que se mueve tan cómodamente en la ficción como escribiendo sobre temas personales.

- No Body, no Crime *está inspirada en* Goodbye Earl, *una canción de The Chicks en la que dos amigas se unen para asesinar al marido abusivo de una de ellas.*

- *El video de* Cardigan *transcurre en un mundo mágico y surrealista. En una escena Taylor aparece dentro de un piano de cola que se encuentra en un lago. Esto se filmó en un tanque de agua real para lograr el efecto deseado. Durante la grabación, Taylor apenas podía mantenerse en pie sobre el piano y tuvo varios resbalones, pero como es usual en ella, lo tomó con humor y salió victoriosa.*

Midnights

El 2022 no podía pasar de largo sin un nuevo álbum y *Midnights* surgió en torno a los pensamientos que no la dejan dormir cuando llega la medianoche. Rápidamente se convirtió en otro éxito y en un cúmulo de récords.

En este disco, resume 13 noches de insomnio en su vida, profundiza en sus inseguridades y de alguna manera las exorciza, aunque también incluye momentos empoderadores con canciones como *Karma* o *Bejeweled*, y referencias a su pasado en *Would've, Could've, Should've* y *High Infidelity*.

Esta vez, tuvo una fuerte campaña de difusión, a diferencia de los dos discos anteriores en los que la promoción se redujo por la pandemia.

No utilizó sus clásicos *Easter eggs* para insinuar lo que vendría, sino que lanzó una serie de video en TikTok, llamada *Midnights Mayhem with Me*. Son 13 episodios, uno por cada tema del disco, en los que revela aleatoriamente los títulos de cada canción. Termina con un capítulo en el participa Lana Del Rey con quien compartió el cuarto tema del álbum, *Snow on the Beach*. Esta canción habla de la maravillosa sensación que experimentamos al descubrir que el amor que sentimos por otra persona es correspondido, algo tan hermoso y tan extraordinario como la nieve en la playa.

El último episodio apareció el 7 de octubre y el 21 *Midnights* ya estaba disponible. Inmediatamente se adueñó de los 10 primeros puestos del *Billboard Hot 100*.

Además, horas después del lanzamiento agregó siete temas como *bonus track en su 3 AM edition*. Indudablemente, un tipo de movida que solo puede hacer una verdadera *mastermind*.

Luego de *Midnights*, y tras diecinueve años de carrera y cuatro álbumes que no habían tenido gira, surgió The Eras Tour, un show que incluye temas de todos sus discos y bate récords no solamente de audiencia y recaudación, sino de duración, porque toca 44 canciones, más temas sorpresa, durante más de tres horas. Además, como siempre, tiene un impresionante escenario y múltiples cambios de vestuario creados por famosísimos diseñadores.

En esta gira Taylor continúa rompiendo un récord tras otro, y en cada show se felicita a ella misma y lo festeja con su público, antes de cantar *The Man*, invitando a las mujeres a ser ambiciosas y a festejar sus logros.

Midnights

Sus shows no solo impulsan la economía de cada lugar por donde pasa, sino que también provocan las situaciones más insólitas: proclaman a Taylor alcaldesa honoraria, nombran calles en su honor y hasta genera vibraciones similares a las de un terremoto, cuando su público se mueve al ritmo de *Shake it Off*.

Como si esto fuera poco, en uno de los shows nos sorprendió con el lanzamiento de Speak Now Taylor's Version y la proyección del video promocional de I Can See You, escrito y dirigido por ella, y con la participación de Joey King, Presley Cash y Taylor Lautner en el video y en el escenario.

Y para culminar esta primera etapa en Estados Unidos, anunció el lanzamiento de 1989 Taylor's Version.

A pocos días de sus recitales en México, y unos meses antes de que aterrice en la Argentina, sigue agregando fechas por distintos países y The Eras Tour parece no tener fin.

Su generosidad vuelve a ser noticia, una vez más, por la bonificación especial que les otorgó a cada uno de los trabajadores de la gira en los Estados Unidos, sin importar la función que cumplan, desde los bailarines hasta el último de los choferes de los camiones que transportan el escenarios.

Midnights

Mientras tanto, hay cientos de miles de fans que acampan frente a los estadios, preparan sus *outfits*, tratan de adivinar cuáles serán los temas sorpresa que interpretará el ansiado día del show que les toque ponen especial empeño en armar los brazaletes de la amistad que intercambiarán en sus shows de México, Argentina y Brasil, esperando ansiosamente verla de cerca y sentir su magia.

EPÍLOGO

Midnights

Para tratar de explicar el fenómeno que genera Taylor habría que preguntarse primero si a lo largo de la historia de la música hay alguien que se haya reinventado tantas veces y siempre con éxito. Y segundo, si existió alguna otra persona tan accesible, empática y comunicativa con sus fans como ella.

Sus logros son producto de su talento único, su creatividad, su deseo de mejorar y expandir sus horizontes musicales contantemente, también por transformar lo negativo en hermosas canciones con las que cualquiera puede sentirse identificado y convertir en poesía las cosas más simples. E indudablemente por su habilidad para los negocios y para manejar los tiempos y las expectativas, un punto fundamental considerando que para una mujer el esfuerzo siempre es mayor.

Pero todo esto podría haber sido efímero si no se hubiese brindado por completo a sus fans, si no les devolviera en cada paso el amor y la lealtad que siempre le ofrecieron.

Sin dudas, hay muchísimo más para contar, pero este libro apenas resume algunos hitos de su trayectoria y unos pocos datos sobre su vida y su crecimiento, porque el objetivo es que sirva de punto de partida para recordar, y explicar a quien aún no la conoce bien, por qué Taylor es la industria musical en sí misma y la reina de infinidad de corazones.

PLAYLIST TAYLOR.

FROM THE VAULT

Para no perder la esperanza y seguir luchando:
· Change
(Taylor's Version)
· Long Live
(Taylor's Version)
· A place In This World
· Long Story Short
· Your On Your Own, Kid

Para bailar y cantar a todo pulmón:
· 22 (Taylor's Version)
· Welcome to New York
· We Are Never Ever Getting ·
Back Together (Taylor's Version)
· You Belong With Me
(Taylor's Version)
· Speak Now (Taylor's Version)

Para combatir el hate y las malas vibras:
· Mean (Taylor's Version)
· Shake It Off
· The Man
· You Need To Calm Down
· Karma

Para recordar que está bien no sentirse bien todo el tiempo:
· Clean
· Mirrorball
· This Is Me Trying
· Anti-Hero
· Innocent (Taylor's Version)